EMILY HUWS

FI A'R DDYNES 'CW

Darluniau gan John Shackell

GOMER

Argraffiad cyntaf—Chwefror 1996

(h) y testun: Emily Huws, 1996 ©

(h) y darluniau: John Shackell, 1996 ©

ISBN 1 85902 331 2

Dymuna'r cyhoeddwyr gydnabod cymorth
Adrannau Cyngor Llyfrau Cymru.

Argraffwyd gan Wasg Gomer, Llandysul, Dyfed

'Gwranda di, was,' meddai'r Musus. 'Gwranda di arna i am funud bach!'

Doeddwn i ddim yn hoffi'r tinc piwis yn ei llais hi o gwbl. Hen dinc annifyr iawn a dweud y gwir.

Agorais un llygad.

Edrychais arni.

Caeais fy llygad drachefn.

Pawb eisiau llonydd, yn tydi? Sefyll i reswm, pawb angen tipyn bach o seibiant. Ond dyna lle'r oedd hi'n sefyll y tu allan i'r ffau â'i ffroen fain yn crynu. Roedd 'na ryw olwg bethma braidd yn ei llygaid hi hefyd a gwelais hi'n rhoi swadan ddigon hegr i un o'r plantos ddigwyddodd rowlio dan ei thraed.

Does dim eisiau bod fel'na, nagoes?

Doedd yr hen beth bach ddim yn gwneud dim byd o'i le. Chwarae roedden nhw i gyd. Chwarae dal-di-fi efo cynffonnau'i gilydd yn ddioglyd braf ymysg y rhedyn crin yn llygad yr haul.

Symudais fy mhen ychydig bach. Rhwbiais fy llygaid â'm pawen ac agor fy ngheg.

'Paid â hewian!' meddwn i.

'Dydw i ddim yn hewian!'

'Wyt, mi'r wyt ti!'

'Digon o achos i fod yn bigog, yn toes?'

'Oes?'

'Cnoi mawr yn fy mol i. Fy nghoesau bron â rhoi oddi tana i. Teimlo'n llesg. Ar lewygu. Teimlo'n wantan sobor.'

'Taw â deud, 'rhen wraig. Be sy'n bod, felly?'

Ond thrafferthodd hi ddim hyd yn oed i'm hateb i. Wnaeth hi ddim byd ond troi'i chefn yn ddirmygus a dal ati i swardio'r hen blant.

'Hmm!' meddwn i wrtha fy hun, ac wedi rhwbio mymryn mwy ar fy llygaid a dylyfu gên unwaith neu ddwy, es ati i molchi, llyfu a llempian tipyn bach ar fy mlew er mwyn sbriwsio chydig yn barod i wynebu'r cyfnos.

'Os nad oes gen ti ddigon yn dy ben i wybod, dydw i ddim yn mynd i ddeud wrthat ti!' cyfarthodd dros ei hysgwydd cyn fflownsio i mewn i'r ffau.

Ddim digon yn fy mhen, wir! Wrth gwrs fod gen i ddigon yn fy mhen. Dydw i ddim yn dwp, nac ydw? Sefyll i reswm nad ydw i ddim. Dwi yma o hyd, yn tydw?

Bron iawn imi ei chael hi. Meddwl yn siŵr fod y diwedd wedi dod, a dweud y gwir. Briw ar fy nghlun i brofi hynny. Un mawr hefyd. Ond mae o wedi mendio a'r blew cochddu yn dechrau aildyfu drosto. Cael fy saethu wnes i ac roedd y boen yn arteithiol, y glec wedi fy hyrddio oddi ar fy nhraed. Rowliais i swatio dan lwyn o eithin ar gyrion y gors uchaf.

Roedd yna sŵn ym mhob man.

Clindarddach y drain wrth i'r helwyr stwffio drwyddyn nhw. Eu lleisiau'n galw ar y naill a'r llall. Cyfarth y cŵn. Fe fedrwn i, unwaith y dois i dros y sioc, fod wedi rhedeg o gysgod yr eithin. Un goes ôl oedd wedi ei chael hi. Roedd y tair coes arall yn iawn. Fe fedrwn i symud o hyd ac roeddwn i'n ysu am wneud hynny. Rhedeg yn ôl i'r ffau at y Musus a'r plant.

Ond wnes i ddim.

Roeddwn i'n gallach.

Y dynion a'u ffyn poeri tân yn rhy agos o lawer. Fe fydden nhw'n sicr o'm gweld. Fedren nhw ddim methu. Un glec arall a dyna hi ar ben arna i. Mi fyddwn ar fy ffordd

i orffwyso am byth yn y nefoedd honno sy'n
llawn da pluog yn crefu am gael eu bwyta,
medden nhw. Neu i uffern, heb hyd yn oed
gwningen nac ysgyfarnog ar gyfyl y lle,
medden nhw. Y drwg ydi nad ydw i ddim yn
siŵr o gwbl i ble'r ydw i'n mynd. A beth
bynnag, well gen i beidio gorfod mynd i
unman ar y funud, diolch yn fawr. Dwi'n
ddigon bodlon ar ble'r ydw i. Llawn gwell
gen i aros gartre. Gen i feddwl y byd o
'nghartre a dwi'n ei werthfawrogi o'n fawr
iawn, yn gwybod 'mod i'n lwcus yn cael byw
yno. Y gors fawr ar glawdd terfyn y ddynes
'cw'n nefoedd ar y ddaear i lwynog.

Yr hen gŵn yna hefyd. Hen bethau bach snaplyd, blin yn awchu am suddo eu hen ddannedd gwynion, blaenllym yn ddwfn i'm cnawd i, yn barod i rwygo fy mhibell wynt i'n gareiau. Fyddai gen i ddim gobaith dianc o'u blaenau. Felly fe swatiais i'n llonydd, llonydd yn lle'r oeddwn i a sbecian arnyn nhw i gyd yn mynd yn eu hyll heibio imi ac er bod fy nghoes i'n brifo fel yr andros fe ges i hwyl iawn am eu pennau nhw. Yr hen ffyliaid! Fawr yn eu pennau nhw, nac oedd?

Meddwl eu bod nhw'n glyfar ar y naw ond fe'u twyllais i nhw i gyd. Ac wedi iddyn nhw benderfynu 'mod i bellach filltiroedd i ffwrdd, sleifiais adref at 'rhen Fusus.

Roedd hi mor falch o 'ngweld i pan ymlusgais i'r ffau. Cefais groeso mawr, chwarae teg iddi. Wedi meddwl na welai fi byth eto roedd hi am imi fod o'r ffau gyhyd. Llyfodd fy nghlwyfau a gofalu fod yna damaid ar fy nghyfer i bob dydd nes roeddwn i'n tebol o hela.

A rŵan dyma hi'n gwrthod dweud beth oedd
yn bod. Yn troi'i phen draw yn sych sobor
gan edrych i lawr ei hen ffroen fain arna i.
Llwynogesau! A! Wel! Felly maen nhw,
yntê? I gyd yr un fath. Mympwyol. Anwadal.
    'Be sy'n bod, 'rhen goes?' gofynnais.
    Troi'i thrwyn yn oeraidd a sniffian.

'Yli, mae'n rhaid iti ddeud be sy'n bod neu fedra i wneud dim byd o gwbl.'

'Os nad wyt ti'n gwybod, dydw i ddim yn mynd i ddeud wrthat ti!'

'O! Felly mae hi, ie?'

'Llwynogod! 'Dach chi i gyd 'run fath. Dim owns o ddychymyg yn agos i'ch crwyn chi! Wyt ti ddim yn sylweddoli, nac wyt?'

'Sylweddoli beth?'

''Mod i ar lwgu.'

'Wel . . .'

'Wel be?'

'Pawb drosto'i hun ydi hi yn yr hen fyd yma, yntê?'

'Pawb drosto'i hun? PAWB DROSTO'I HUN?'

'Wel ie. Chdi sydd o blaid hawliau llwynogesau. Sefyllfa gyfartal rhyngon ni, meddet ti.'

'Wel ydi siŵr iawn.'

'Rhannu pob dim, meddet ti.'

''Run llwynoges gall yn aros gartre'n llipa i ddisgwyl wrth ei gŵr bellach.'

'Iawn i ti fynd i hela dy hun felly, yn tydi?'

'Fedra i ddim gadael y plant.'

'Paid â hel esgus.'

'Iawn. Iawn. Mi a' i i hela. Gei di aros efo nhw.'

'Pwy? FI?'

'Ie. Chdi.'

'Gwarchod y fflyd yna? EU GWARCHOD NHW?'

'Maen nhw'n blant i ti hefyd, cofia. Iawn iti edrych ar eu holau nhw imi gael tipyn bach o newid.'

'Dim ffiars o beryg. Ti'n gwybod yn union sut maen nhw efo fi. Dringo dros fy mhen i. Chwalu 'mlew i. Tynnu 'nghynffon i. Poendod i rywun sy'n credu mewn trefn.'

'Dwi'n gorfod eu dioddef nhw.'

'Haws i lwynoges, yn tydi?'

'Haws wir! Dy ddewis di ydi o.'

'Dewis?'

'Gwarchod neu hela.'

'Dwi'n cario iddyn nhw byth a hefyd. Dim digon iddyn nhw ei gael, wir!'

''Drycha arnyn nhw mewn difri! Fawr o raen ar eu cotiau nhw, nac oes? Eu llygaid nhw'n ddigon pŵl. Dim llawer o sbonc yn eu cerddediad nhw a dydyn nhw'n chwarae fawr chwaith.'

'Chwarae hen ddigon, beth bynnag.'

'Nac ydyn. Dydyn nhw ddim. Byth yn cadw reiat fel y dylai plant. Digon llipa ydyn nhw.'

'Os wyt ti'n deud.'

'Ydw. Rydw i.'

'A beth sydd gan chwarae i'w wneud â'r peth?'

'Fe chwery bol a bwyd. Ni chwery siaced lwyd.'

'Siaced lwyd? Siaced LWYD? Cotiau'r hen blant yn ddigon cochlyd fyth.'

'Fawr o sglein arnyn nhw a does gan y petha bach ddim digon o ynni i chwarae.'

Ochneidiais. Codais ar fy nhraed ac ymestyn.

'Dydyn nhw ddim yn cael digon o fwyd. Mae'n ddyletswydd arnat ti eu bwydo nhw.'

'Dwi'n gwneud fy ngorau, 'rhen goes,' meddwn i.

'Hy!' wfftiodd. 'Hy!'

Brifodd hynny fy nheimladau i'n arw.

'Ti'n deall fod bwyd yn brin? 'Run gwningen ar ôl yn y gors 'ma. Welais i ddim sgwarnog ers misoedd a phob ffesant yn hen

16

gnafon slei. Codi ar eu hadenydd yn llawer
rhy handi i mi.'
'Mae problemau wedi eu gwneud i'w
goresgyn,' meddai hi.
'Haws dweud na gwneud,' atebais.
Ac wedyn fe syllon ni ar ein gilydd.
'Edrych ar y coed 'na.'
'Y coed?'
'Yn llawn dail.'
'Yn cuddio'r brigau.'
'Ydyn. Heb ddechrau troi eu lliw.'
'Fyddan nhw ddim yn syrthio am hir.'
'Felly mae'r gwanwyn yn bell, yn tydi?'
'Ti'n deud wrtha i.'
'Dim gobaith am oen bach am hydoedd.'
'Fawr o ddewis felly, nac oes?'
Deall ein gilydd yn iawn, yn y bôn, 'rhen
Fusus a fi.
Fel un, fe edrychon ni'n dau i fyny'r gors
tu hwnt i'r coed a'r ochr draw i'r weirglodd.
'Tamaid o gyw iâr yn flasus iawn, byddai?'
'Sgram go iawn!'
'Dw inna wedi laru ar ryw lygod a ballu.'
'Fawr o ddewis felly, nac oes?'
'Picio draw i weld y ddynes 'cw?'
'Picio draw i weld y ddynes 'cw!'

17

Nabod ein gilydd yn dda, y ddynes 'cw a ni.
Byw dafliad cerrig i'n gilydd ers hydoedd.
Yn gymdogion agos. Rydan ni'n gwybod yn
iawn ble mae hi a hithau'n gwybod ein bod ni
yno. Ond ddim yn siŵr iawn ym mhle yn
hollol chwaith. Ac felly'n union rydan ni am i
bethau fod.

Mae gynnon ni fwy yn ein pennau nag sydd ganddi hi. Rydan ni'n ei gweld hi'n amlach nag y bydd hi'n ein gweld ni, er ei bod hi erbyn hyn yn dweud ei bod hi wedi syrffedu gweld llwynog. Dim ond bob hyn a hyn y bydd o'n gwawrio ar ei hymennydd bach pŵl hi ein bod ni'n gwylio'i symudiadau hi â diddordeb mawr.

Mae hithau, y ddynes 'cw, yn werthfawrogol iawn o'i chartref. Wedi gweld dail coed y gors yn egino a blaguro, yn tyfu i'w llawn dwf, yn syrthio'n garpedi i adael y brigau'n noeth ac yn llwm flwyddyn ar ôl blwyddyn. A byth yn blino dotio atyn nhw. Yn gogordroi am hydoedd yn rhythu arnyn nhw ac yn gwrando ar dincial y ffrwd yn troelli rhwng eu gwreiddiau, yn syllu ar yr awyr gan ryfeddu at ffurfiau'r cymylau'n ymliwio, yn fodlon braf ei byd.

Rêl poen. Rhwystro rhywun i fynd ymlaen â'i waith. Yn mynnu sefyllian dan draed yn gwneud y lle'n flêr.

Dydi hi'n fawr o un am drampio. Hiraeth arni o fod oddi cartref yn hir. Biti. Llai o drafferth mynd draw yno pan fydd hi ddim yno, yn tydi? A dwi'n gredwr cryf mewn osgoi strach. Credwr cryf iawn.

Mae'n llawn gwell gynnon ni pan fydd hi ddim yn cael cip arnon ni a dweud y gwir. Cynhyrfu'n lân fydd hi bryd hynny. Gweiddi a sgrechian a thantro fel dwn i ddim be. Cwyno fod ei nerfau hi'n rhacs gyrbibion. 'Rhen hulpan wirion! Am ein gwaed ni. Barod i'n blingo ni pe câi hi hanner y cyfle.

Diolch ddylai hi.

Diolch ein bod ni yma i ddiddori mymryn arni hi ac i fywiogi tipyn ar ei bywyd, yn lle ei bod hi â'i thrwyn mewn rhyw lyfr bob munud. Tipyn bach o gynnwrf yn lles iddi, siŵr iawn.

'Ew, 'dwn 'im,' meddwn i'n amheus wrth y Musus.

'Pam?'

'Wel arni hi mae'r bai, 'sti.'

'Y bai am be?'

'I mi gael fy nghlwyfo.'

'Sut felly? Nid hi saethodd di!'

Cododd bwrlwm mawr o chwerthin i ffrwtian yn braf yn rhywle tu mewn imi. I feddwl amdani hi, o bawb, efo gwn! Fyddai ganddi hi ddim syniad sut i'w drin. Dim syniad o gwbl. Hollol anobeithiol.

'Hi yrrodd am yr helwyr.'

'Ie?'

'Siŵr iti. Neb arall yn ein gweld ni, nac oes? Neb arall yn colli ieir.'

'Neb arall yn ddigon hurt i gadw'r pethau twp a gadael iddyn nhw grwydro'n benchwiban ar hyd y caeau yn pigo blewyn glas fan hyn a fan draw.'

'Pawb arall yn eu cadw nhw'n ddiogel mewn cewyll cyfyng.'

'Hynny'n greulon, meddai hi.'

'Fedrai hi ddim meddwl bwyta wy a'r iâr wedi cael ei hamddifadu o grafu tipyn yn y pridd.'

'Un ryfedd ydi hi, 'sti.'

'O! Dwi'n gwybod! Dwi'n gwybod hynny'n iawn!'

'Fawr o gewc ar gig os nad ydi hi'n siŵr fod y ffowlyn neu'r anifail wedi ei ladd yn garedig ar derfyn bywyd llawn a dedwydd. Pob anifail efo'r hawl i hynny, meddai hi. Ddylai'r un anifail ddioddef.'

'Hy! Dydi hi ddim yn teimlo'n garedig iawn tuag aton ni, beth bynnag.'

'Ddim o blaid ein hela ni er mwyn cael hwyl, chwaith.'

'Hynny'n fawr o gysur i ni, nac ydi?'

'Well iti ei siapio hi!'

'Does 'na ddim brys, nac oes?'

'Wel oes siŵr iawn.'

'Ond mae'n gefn dydd golau o hyd.'

'Ti'n gwybod yn iawn sut un ydi hi. Dwyt ti ddim haws ag aros am ddiogelwch llenni'r nos. Fedar hi wneud dim byd iti, na fedar?'

'Cadw digon o sŵn, 'rhen het wirion!'

'Sgrechian ddigon i ferwino clustiau rhywun, beth bynnag.'

'Lluchio cerrig!'

'Mwy o dwrw nag o daro.'

'Ie. Ond . . .'

'Ond beth?'

'Liw nos ydi'r amser. Ti'n gwybod yn iawn beth ddysgon ni wrth ystlys ein rhieni.'

'Pob llwynog call yn dychwelyd i'w ffau cyn iddi hi ddyddio.'

'Ie siŵr.'

'Paid â bod yn hen-ffash!'

'Dw i yma o hyd, yn tydw?'

'Mae'n rhaid symud efo'r oes.'

'Y tywyllwch amdani hi, 'sti!'

'Gaeafau tyner ers tair blynedd, cofia. Chollson ni na'r un pâr arall 'run cwbyn. Mwy o gegau isio mwy o fwyd yn y cyffiniau 'ma. Fedri di ddim fforddio i swatio'n glyd â'th ben ar dy balfau yn y ffau yn aros am ddiogelwch y nos bellach. Does dim digon o fwyd ar gael gefn nos. Cofia di fod dy blant ar eu cythlwng. Ar eu cythlwng.'

'Anghofith y ddynes 'cw byth gau drws cwt yr ieir, 'sti. Ti'n gwybod yn iawn.'

'Ella gwnaiff hi.'

'Paid â hel esgus. Siapia hi. Cod ar dy draed. Gwadna hi'r munud yma. Symud dy hen gorpws blêr. Fydd hi byth yn anghofio cau drws cwt yr ieir. Byth.'

'Ella y bydd 'na rywbeth heb wrando arni. Siawns am ryw gywen benchwiban wedi mynd ar sgawt â'i chrib yn y gwynt a'r ddynes 'cw heb ei cholli hi.'

''Sgin ti ddim gobaith, washi bach! Rŵan amdani neu chei di ddim byd. Dos! Dos y munud 'ma!'

Doedd gen i fawr o ddewis, nac oedd? I fod yn fanwl gywir, doedd gen i ddim dewis o gwbl. Dan ei hen bawen hi, yn tydw?

Felly fe es i draw am sgawt yn slei bach, ar fy mhen fy hun, draw i weld sut roedd pethau yn lle'r ddynes 'cw.

Troedio'n hyf drwy'r brwyn a rhwng y tociau eithin, dros y clawdd ac igam-ogamu rhwng y coed gwern. Aros yn ochelgar ar ochr y lôn goncrit. Pobman yn dawel. Popeth yn llonydd. Dros y lôn, o dan y wifren bigog, ac aros. Gwrando. Tincial y dŵr yn rhedeg o ffrwd y ffynnon. Siffrwd y gwynt drwy frigau'r coed uwchben. Draw yn uchel, uchel yn yr awyr, grwnian rhyw awyren fach. Dim byd dieithr. Dim byd o gwbl.

Llithro'n lladradaidd i fyny'r cae o flaen y tŷ. Heibio i'r ffynnon. Y rhai mentrus yn mynd i lawr yno i wlychu'u pigau yn y ffrwd. Ond dim lwc heddiw. Camu'n nes, ac yn nes, ac yn nes at y cwt ieir. Llercian yn llechwraidd yn y cysgodion. A'u gweld nhw. Dyna lle'r oedd yr ieir yn bentwr bach clòs at ei gilydd, draw dafliad carreg oddi wrtha i. Llyfais fy ngweflau.

'WOW! BOW-WOW! WOW! WOW!'
Y bom melyn yn rhuthro amdana i.
Rhegi. Troi ar fy sawdl a llithro'n ôl o dan y wifren bigog, ac fel roeddwn i'n neidio dros y clawdd yn ôl i'r gors, clywed yr hen beth melyn yn rhoi gwawch o boen.
Eitha gwaith ag o!
Aros a sbecian dros f'ysgwydd. Dyna lle'r oedd o'n llyfu'i glwyfau.

Daeth y ddynes 'cw i'r golwg. Yn
rhuthro'n wyllt wirion at yr hen gi dwl yna sy
ganddi hi. Sôn am ffýs! Dim ond am fod
ganddo fo fymryn o waed ar ei wddw. Dim
ond am ei fod o wedi rhwygo'i groen ar y
wifren. Crechwenais yn braf tu cefn i'm
pawen.

'Dwyt ti rioed wedi dod yn ôl yn gegwag?' arthiodd y Musus pan gyrhaeddais y ffau. 'Dwyt ti rioed wedi meiddio dod yn ôl yn gegwag?'

Syrthiais i orwedd wrth ei hochr yn siglo chwerthin.

'Be sy'n bod arnat ti'r hen ffŵl gwirion?'

'Yr hen gi yna sy ganddi hi!'

'Y ddynes 'cw?'

'Pwy arall?'

'Hei! Gwranda! Be ydi hwnna?'

'Sŵn ei char hi'n mynd dros y grid!'

Ac fe frysion ni'n dau at y gamfa yng nghornel y gors a sbecian drwy'r drain.

'Golwg drist oedd arno fo hefyd!' meddai'r Musus. 'Yn eistedd wrth ei hochr hi yn y car yn llipa iawn yr olwg. Ddim yn syllu allan yn fusnes i gyd fel y bydd o fel arfer.'

''Rhen greadur!' chwarddais yn braf. 'Druan â fo. Brifo wrth geisio amddiffyn ei hen ffowls hi!'
    'Wel?'
    'Wel be?'
    'Am be wyt ti'n disgwyl?'
    'Yyyy?'
    'Gwadna hi 'rhen beth diog iti!'
    'Yyy?'
    'Yn ôl.'
    'YN ÔL?'
    'Wyt ti'n dwp neu rywbeth? Lle'n glir, yn tydi? Dos i edrych be gei di. Dos cyn iddi ddod yn ôl. Dos y munud yma!'

Hen iâr lwyd a gwyn ges i. Sefyllian wrth dalcen y sgubor oedd hi pan neidiais arni a rhoi tro ar ei chorn pori cyn iddi sylweddoli 'mod i yno. Oedais yng nghysgod y drain ar waelod yr allt pan glywais y car yn dod yn ôl a'r ci'n edrych yn swrth iawn erbyn hyn.

'Tipyn o gig ar hon,' meddwn i wrth y
Musus. 'Yn ddigon trwm i'w chario, beth
bynnag.'

Roedd wynebau'r hen blant yn bictiwr. Eu llygaid yn loywon a'u tafodau cochion yn hongian o'u safnau.

'Doedd hi ddim yn wydn iawn, chwarae teg,' meddai'r Musus toc.

'Wyt ti'n ceisio awgrymu rhywbeth?'

'Be wnaeth iti feddwl hynny?'

'Does dim eisio bod yn goeglyd!'

'Deud be sy ar dy feddwl!'

'Fawr o gamp, nac ydi? I ddal hen iâr lonydd. Mwy o grefft o'r hanner mewn bachu cywen handi ar ei hadenydd. Ei chig hi'n fwy brau hefyd. Cofia hynny'r tro nesa.'

'Dim plesio ar rai. Sôn am anniolchgar!'

'O, nac ydw wir! Blas mwy oedd arni hi!'

'Ie, Dad! Ie! Blas mwy!' crefodd y plantos. 'Blas mwy! Mwy!'

'Beth am geiliogyn?' meddai'r Musus. 'Deud wrtho fo na chanith o ddim go-go byth mwy!'

Wel, mae pawb eisiau byw, yn tydi? Dyna ydw i'n ei ddweud. Sefyll i reswm na fedra i ddim gadael i 'nheulu bach lwgu. Gen i hawl i fyw yn ôl fy ngreddf.

'Yn y bore mae ei dal hi!'

Crafodd hen lais y Musus yn fy nghlustiau. Hollti 'mhen bach i. Dweud dim.

'Golau iard y ddynes 'cw wedi dod ymlaen?'

Rhyw stwyrian mymryn bach.

'Mi agorith hi gwt yr ieir cyn bo hir.'

'Mm.'

'Ac fe aiff hi â'r ci am dro i fyny'r caeau. Dos!'

Cael fy nhroi o'm gwely fy hun. Sobor, sobor o beth.

Yn llai o drafferth gwneud fel roedd hi'n ddweud. Llusgais ar fy nhraed a mynd ar duth drwy'r tyfiant tal a pherlau gwlith y bore yn tampio fy mlew. Swatio wrth sawdl clawdd y cae ffrynt a'i gwylio hi'n agor drws cwt yr ieir gan daflu bwyd iddyn nhw. Chwerthin yn slei bach ynof fi fy hun wrth glywed eu hen glwcian hurt nhw'n bwyta.

'Wyddoch chi ddim beth sydd o'ch blaenau chi!' sibrydais. ''Sgynnoch chi ddim syniad! Dim syniad o gwbl! 'Mennydd marblen sydd gynnoch chi, meddai'r ddynes 'cw ac mae hi yn llygad ei lle. 'Dach chi mor dwp! Ond chwarae teg rŵan, dwi'n gofalu eich lladd chi'n sydyn. Mor sydyn fel na fydd gynnoch chi ddim syniad beth fydd wedi digwydd ichi!'

A ble'r oedd o? Yr hen gi melyn 'na? Oedd o â'i hen ffroenau'n dynn ar y ddaear yn snwffian i chwilio am fy nhrywydd i? Dydan ni erioed wedi cyfarfod, fo a fi. Bechod drosto fo, a dweud y gwir. Fo a'i gorff trwm, trwsgl a'i bawennau mawrion. Does ganddo fo ddim gobaith fy nal i byth. Lliw fy nghorff lluniaidd i a'm coesau hirion yn unig wêl o. Os gwêl o fi. Does 'na ddim byd o'i le ar ei ffroenau fo chwaith. Yn anffodus. Yn anffodus iawn, oherwydd mae'n llawn gwell gynnon ni, y Musus a fi, i'r ddynes 'cw beidio â meddwl amdanon ni. Fydd o fawr o dro'n codi fy nhrywydd i unwaith y bydd ei hen drwyn o ar y ddaear.

'Be sy'n bod, Wmffra?' fydd cwestiwn y ddynes 'cw. 'Be sy'n dy boeni di? 'Rhen lwynog 'na sy wedi bod draw eto, ie? Cyfarth di i ddeud y drefn wrtho fo, 'ngwas i!'

Wel, fe gaiff o gyfarth ei hun yn gryg. Fedar o wneud affliw o ddim arall. Mae yntau'n hollol aneffeithiol. Sefyll i reswm. Cŵn yn debyg i'w perchenogion yn tydyn?

33

Dyna lle'r oedd o'n gorwedd o flaen y beudy yn aros i'r ddynes 'cw gychwyn am dro rownd y caeau cyn brecwast.

Clustfeinio ar sgwrs y cathod yn molchi ar ôl bwyta ar y concrit o flaen drws y beudy.

'Llonydd braidd, yn tydi?' gofynnodd Sal, a chodi'i phen i edrych tuag ato fo.

'Llonydd fyddet tithau hefyd petait ti wedi cael pedwar pwyth yn dy wddw,' meddai Twm yn ddiog braf.

'Sut gwyddost ti?' holodd Mati.

'Dyna lle'r aeth o ddoe. At y milfeddyg.'

'O.'

Chlywais i ddim rhagor.

Rhoddodd y ddynes 'cw'r gorau i ddyfrio'r blodau yn y tybiau o flaen y tŷ, y basgedi yn hongian o'r bondo a'r tomatos yn y tŷ gwydr a chychwyn drwy'r giât wrth dalcen y beudái. Dilynodd Wmffra, heb gymaint o frwdfrydedd ag arfer, sylwais yn falch.

Saethais draw at gwt yr ieir.

Roedden nhw'n dod allan o un i un.

Oedi.

Llygadu.

Craffu.

A neidio!

Cywen yn rhyw straffaglio tipyn. Cwmwl bach o blu yn cyhwfan o'n cwmpas gan syrthio'n glustog feddal ar y glaswellt er cof am y gywen dwp. Tro ar ei chorn pori hi! Ac i ffwrdd â mi!

'Wel?' gofynnais i'r Musus. 'Wel? Wyt ti'n fodlon rŵan?'
    Wnaeth hi ddim byd ond codi un bawen. Amneidiodd arna i i'w dilyn. Suddodd fy nghalon fach i waelodion isaf un fy sodlau.
    'Be rŵan?' gofynnais.
    'Dwi'n dod efo ti.'
    'I ble?'
    'Yn ôl.'
    'I be?'
    'I nôl mwy.'
    'Ond . . .'
    'Gest ti flas arni hi?'
    'Blas arni hi, wir,' meddwn i. 'BLAS arni hi? Dyna'r cyfan ges i. Mi larpiodd y plant hi'n syth o 'ngheg i. 'Drycha arnyn nhw'n ei sglaffio hi. Fydd yna'r un bluen, hyd yn oed, ar ôl mewn dau funud.'
    'Dyna pam 'dan ni'n mynd yn ôl. Blas mwy arni hi.'
    'Ydan ni?'

36

'Ydan. Dwi'n dod efo ti. Mi fydd y plant yn iawn am dipyn bach.'

Wedyn fe ddechreuodd hi siarsio.

'Cymerwch chi ofal â pheidio â symud o'r ffau.'

'Meiddiwch chi gadw reiat!'

'Cofiwch fyhafio.'

'Fyddwn ni'n dau ddim yn hir.'

'O!' meddwn i. 'O! Paid â thrafferthu i ofyn dim byd i mi, na wnei? Paid â thrafferthu o gwbl! Neb yn gofyn fy marn i!'

'O! Cau dy hen geg fawr a thy'd yn dy flaen!'

'Rhen Fusus yn glòs wrth fy ochr i, ei llygaid disglair hi'n gwibio fan hyn, fan draw. Ei ffroenau hi'n synhwyro'r awyr yn awchus, ar flaenau'i thraed yn wyliadwrus, yn effro am bob cyffro, yn fyw i bob perygl.

Ond roedd hi'n dawel, dawel yn y gors fawr.

''Sti be?' meddwn i pan arhoson ni am funud am stelc fach wrth y ffrwd, 'Does 'na neb tebyg iti, 'rhen goes!'

Stopiodd yfed.

'Braf bod allan efo'n gilydd eto, cofia.'

Cododd ei phen o'r dŵr.

''Dan ni'n dîm da, chdi a fi!'

Edrychodd i fyw fy llygaid.

'Ty'd 'laen 'ta! Am y cáff yna â ni!'

Pwl o chwerthin! Pwl mawr. Rydan ni'n dau, 'rhen Fusus a fi, wedi chwerthin lot efo'n gilydd erioed. Am ben y ddynes 'cw ran amlaf.

'Caffi handi!' meddai hi.

'Caffi handi iawn,' meddwn i. 'Am gaffeteria'r ddynes 'cw â ni!'

'Hei lwc!' meddai'r Musus.

'Hei lwc!' meddwn i.

Crechwenu. Winc ar y naill a'r llall. Llyfu ein gweflau. Roedd yn rhaid inni . . . a'r dŵr yn dod o'n dannedd.

Roedd hi wedi mynd i'r tŷ am ei brecwast . . . ac Wmffra efo hi. Diflannodd y cathod ar eu perwyl eu hunain gan adael yr ieir yma ac acw o gwmpas y lle. Tipyn o glwcian o'r tŷ gwair lle'r oedd ambell un yn dodwy. Rhai ohonyn nhw'n crafu o gwmpas y domen yn y cae ac eraill yn sefyllian yn ddioglyd o flaen cwt y fuwch yn syllu ar yr awyr. Dwy neu dair o dan y goeden eirin hefyd.

'Welwch chi mo'r haul byth mwy, byth mwy!' broliais dan fy ngwynt.

'Dos di am y rhai o flaen y cwt,' gorchmynnodd y Musus a gogwyddo draw i'r dde o'r ffynnon at gysgod y berth.

Llygadais nhw.

Nodais y fwyaf a'r dewaf a'r drymaf un.

Yn slei bach, llithrais yn araf dros y borfa. O gil fy llygaid gwelais y Musus o fewn tafliad carreg i'r goeden eirin. A'r munud hwnnw y sylwodd ceiliog ifanc arni a chychwyn clochdar. Gwelodd rhai o'r cywennod y Musus a chynhyrfu'n wyllt wirion.

Sgrialodd y criw i bob cyfeiriad pan neidiais. Dyrnu adenydd a chlochdar uchel. Clywais wawch gan gywen yng ngheg y Musus.

Ac agorwyd ffenest llofft y tŷ.

Y ddynes 'cw a'i hen ben allan yn gweiddi ac yn gweiddi.

Trois fy mhen yn ara deg ac edrych arni.
Syllais am eiliad i fyw ei llygaid. Symudodd
yr iâr ryw ychydig bach yn fy ngheg.
  'Gwylia di be ti'n neud, 'rhen ddyn. Paid â
llacio d'afael!' meddwn i . . . a dal i syllu ar y
ddynes 'cw.
  Diflannodd ei phen o'r ffenest ond clywn hi
o hyd. 'Rhen jolpan wirion, yn dyrnu mynd i

lawr y
grisiau gan
sgrechian yn
erchyll. A'r
peth nesa
dyna lle'r
oedd hi wedi
neidio i ben
y wal rhwng
yr iard a'r
cae, yn
dawnsio i
fyny i lawr
yn nhraed ei
sanau a'i
cheg fel ogof
yn gweiddi
digon i
godi'r meirw.

Cynhyrfu 'run iot arna i. Dwi'n gwybod yn iawn ei bod hi'n hollol aneffeithiol. Ac mae hi'n gwybod 'mod i'n gwybod.

Ollyngais i mo'r iâr.

A dyna hi'n troi'i phen. Beth welodd hi ond y Musus. Efo cywen yn ei cheg. Mi aeth hi o'i cho'n las wedyn, yn hollol wallgof, ond doedd hi damaid haws. Mi ddiflannon ni'n dau fel cysgodion heibio i'r ffynnon ac o dan y wifren, dros y lôn a'r clawdd terfyn a thrwy'r coed ar draws y gors.

'Gollwng nhw!' meddai'r Musus yn fyr ei gwynt.

Ochneidiais. Darllen ei meddwl hi cyn hawsed â syllu ar yr awyr i ddarogan tywydd. Dim byd yn llwfr yn y Musus. Digon dewr, chwarae teg iddi.

'Cyrch arall,' meddai hi. 'Brysia!'

'Cyflafan?' gofynnais.

'Cyflafan go iawn!'

'Ydi o'n saff, dywed?' cwynais.

'Fedar hi neud dim byd, na fedar?'

'Trefnu helfa. Ti'n gwybod sut un ydi hi. Nabod rhai sydd am ein gwaed ni hefyd.'

'O bydd, mi fydd yna helfa. Ond ddim heddiw. Mynd yn ôl tra mae'r cyfle gynnon ni.'

'Ond peidio â bod yn rhy haerllug.'

'Fiw inni. Rhag i'r ddynes 'cw gymryd yn ei hen ben hurt ei fod o'n greulon iddi hi i gadw ieir yn fwyd i lwynog a rhoi'r gorau iddi'n gyfan gwbl.'

'Wnâi hi ddim, na wnâi? Chwith iddi heb wy, yn byddai? Fe gollai hi glywed clochdar ceiliog yn croesawu glasiad dydd.'

'Anodd deud. Ella . . . os bydd ei chydwybod hi'n ei phoeni hi. Ella . . . os torrith hi ei chalon yn gweld ei hieir yn diflannu o un i un.'

'Ond fu ganddi hi rioed fawr i'w ddweud wrth ffowls. Yn ddigon dirmygus ohonyn nhw. Galw nhw'n ddofednod yn sbeit i gyd. Wirionodd hi rioed efo nhw fel efo'r fuwch a'r llo, yr ŵyn llywaeth ac ambell gwlin mochyn.'

'Eu lle nhw'n wag, yn byddai? Fu 'na erioed adeg na chrafodd yr ieir yn gymdogol o amgylch y drws.'

Parti! Sôn am barti! Chawson ni rioed un cystal.

'Diolch am y cáff! Diolch, o diolch am y cáff!' meddwn i wrth y Musus, a'r cenawon yn swatio'n swrth i gysgu o'n cwmpas ni yng nghlydwch y ffau. Roedd hi'n noson olau leuad braf, yn olau fel dydd ac awel yr hwyr yn siffrwd dail coed y gors ac yn crwydro'n dawel rhwng y brwyn. Ac wedyn fe ddechreuais i chwerthin.

'Be sy?' holodd y Musus.

'Meddwl am chwa o wynt yn cipio ymaith bentyrrau bach o blu ar gae ffrynt y ddynes 'cw ac yn eu cario nhw i ffwrdd i ebargofiant!' atebais.

Chwarddodd y Musus hefyd.

'Lot o geiliogod ifanc ganddi hi,' meddai hi. 'Sylwaist ti?'

'Do. Do wir.'

'Addawol, yn tydi?'

'Addawol?'

'Addawol iawn i'r cáff. Ti'n gwybod beth ddigwyddith?'

'Ti'n siŵr o roi gwybod imi!'

'Ffraeo wnân nhw, yntê? Un isio bod yn fistar corn ar y lleill. Lleill ei ofn o. Ofn mynd i'r cwt i glwydo'r nos rhag cael eu dyrnu. Sleifio i gysgodion y tŷ gwair neu i ben y rhesel yng nghwt y fuwch.'

'Hei! HEI! Ti'n llygad dy le!'

'Ydw. Bob amser.'

'Canmoled arall dydi!'

'Hy! Ac mae'n siŵr na sylwaist ti ddim ar y cywion chwaith?'

'Does dim isio bod fel yna, nac oes? Ddim haws â sylwi arnyn nhw. Rhy fach.'

'Mi dyfan nhw.'

'Hei! HEI! Ti'n iawn!'
'Yn werth mudo, yn tydi?'
'Mm,' meddwn i. 'Mmmmm,' a suddo i
gwsg trwm, trwm.

Pwniad hegar yn f'ochr. 'Rhen blantos yn
chwarae mig yn ôl ac ymlaen dros fy mhen i.
Dau ohonyn nhw'n tynnu fy nghynffon i bron
o'r gwraidd!

'Deffra, wnei di!'

Llais y Musus yn dyrnu yn fy mhen i.

'Deffra neu 'dan ni'n mynd o dy flaen di!'

Codais ar f'eistedd.

'Mynd? Mynd i ble?'

Gweld y criw i gyd yn sefyll o'm blaen i yn ysgwyd eu cynffonnau fel dwn i ddim be.

'Ty'd, Dad! Ty'd!' medden nhw. ''Dan ni'n mynd ar ein gwyliau! Mam yn deud!'

Griddfanais.

'O! Ddim eto!' cwynais.

'Helfa fydd yna, 'sti. Tarfu ar ein heddwch ni . . . a gwaeth.'

Ddywedais i ddim byd. Gwyddwn ein bod hi'n dweud y gwir. 'Rhen Fusus yn agos iawn at ei lle at ei gilydd, yn anffodus. Felly codais ar fy nhraed a llusgo allan o'r ffau. Ac er bod fy nghalon yn drom, drom, a 'mod i'n gyndyn iawn o fynd, fe'i harweiniais nhw ar hyd y gors fawr ar derfyn lle'r ddynes 'cw drwy holl dyfiant gwyllt, y rhedyn a'r brwyn i fyny tua'r gors uchaf.

Stopiais yn yr adwy ac edrych yn ôl i ffroeni awel y cyfnos a chrwydro drwy gysgodion y coed a'r cerrig a syllu tu hwnt i'r ffordd fawr lle mae angau yn llafnau'r golau ar olwynion chwim.

'Brysia, Dad! Brysia!' crefodd 'rhen blant.

Y pethau bach! Chwarae teg iddyn nhw. Doedden nhw erioed wedi bod tu hwnt i libart y ffau o'r blaen. Antur fawr oedd y cyfan iddyn nhw.

'Peidiwch â swnian!' dwrdiodd y Musus. 'Gadewch lonydd i'ch tad. Mae o'n gorfod meddwl yn galed wrth ein tywys ni i ddiogelwch rhag pob rhyw hen beryg.'

Edrychodd arna i. Edrychais innau arni hithau.

Deall ein gilydd yn iawn, 'rhen Fusus a fi.

Roedd hi'n gwybod, fel roeddwn i'n gwybod, mai yn ôl y bydden ni'n dod cyn bo hir. Yn ôl, wedi cadw'n dawel fach am sbel yn y ffau wag ger yr hen furddunod. Swatio yn y fan honno nes y byddai'r helwyr wedi

bod ac wedi mynd, a'r cof amdanon ni wedi
cilio i ben draw pellaf un y ddynes 'cw. Yn ôl
i'n ffau ni ein hunain yn y gors fawr ar
glawdd terfyn ei chartref hi. Yn ôl i'n cartref
ni.

Thrown ni byth ein cefnau yn gyfan gwbl
ar y ddynes 'cw. Mi fyddwn ni'n dau'n siŵr
o bicio draw ati eto bob hyn a hyn, oherwydd
fynnen ni ddim iddi feddwl am eiliad ein bod
ni wedi anghofio popeth amdani hi.